LES ALIMENTS
REPOUSSANTS ET DÉGOÛTANTS

Un livre de la collection
Les branches de Crabtree

Julie K. Lundgren

Soutien de l'école à la maison pour les parents, les gardiens et les enseignants

Ce livre très intéressant est conçu pour motiver les élèves en difficulté d'apprentissage grâce à des sujets captivants, tout en améliorant leur fluidité, leur vocabulaire et leur intérêt pour la lecture. Voici quelques questions et activités pour aider le lecteur ou la lectrice à développer ses capacités de compréhension.

Avant la lecture

- *De quoi ce livre parle-t-il?*
- *Qu'est-ce que je sais sur ce sujet?*
- *Qu'est-ce que je veux apprendre sur ce sujet?*
- *Pourquoi je lis ce livre?*

Pendant la lecture

- *Je me demande pourquoi...*
- *Je suis curieux de savoir...*
- *En quoi est-ce semblable à quelque chose que je sais déjà?*
- *Qu'est-ce que j'ai appris jusqu'à présent?*

Après la lecture

- *Qu'est-ce que l'autrice veut m'apprendre?*
- *Nomme quelques détails.*
- *Comment les photographies et les légendes m'aident-elles à mieux comprendre?*
- *Lis le livre à nouveau et cherche les mots de vocabulaire.*
- *Ai-je d'autres questions?*

Activités complémentaires

- *Quelle est ta section préférée de ce livre? Rédige un paragraphe à ce sujet.*
- *Fais un dessin représentant l'information que tu as préférée dans ce livre.*

TABLE DES MATIÈRES

ÉVEILLE TES PAPILLES GUSTATIVES

Des gens affamés partout dans le monde mangent toutes sortes d'aliments. Certains pourraient te faire saliver, alors que d'autres pourraient te donner un haut-le-cœur.

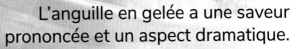

L'anguille en gelée a une saveur prononcée et un aspect dramatique.

Au musée Disgusting Food Museum en Suède, les visiteurs explorent l'utilité du dégoût, goûtent des aliments étranges et découvrent comment les aliments et les cultures vont de pair. Chaque visiteur reçoit un sac à vomi avec son billet d'entrée.

Bien que le sentiment de dégoût nous protège en nous empêchant de manger quelque chose de mauvais pour nous, il est bien d'ouvrir ton esprit (et ta bouche) à de nouveaux aliments. Alors voici!

La pieuvre dansante est servie vivante.

DES INTESTINS, DE LA CERVELLE ET AUTRES PARTIES DU CORPS

Les gens avertis et pratiques utilisent toutes les parties d'un animal. Les éleveurs de porcs disent parfois qu'ils utilisent tout sauf le couinement.

Le boudin contient du sang de porc, de l'avoine et du gras de porc.

Je ne suis pas un vampire, tu es un vampire

Une soupe riche de la Pologne contient des fruits séchés, de la crème, des épices, un canard et son sang.

9

Il n'y a rien de mieux que de la friture croustillante pour mettre du croquant dans un sandwich. Oserais-tu manger de la cervelle de mouton frite? Un petit trait de jus de citron en rehausse le goût.

La cervelle de mouton a le goût d'œufs brouillés.

Fourchette ou vomi?

La tête fromagée n'a rien à voir avec du fromage. Il s'agit d'un pain fait de la viande, de la langue, du gras, de la **gélatine** et du bouillon d'une tête de porc entière, sans la cervelle.

La cervelle n'est peut-être pas pour toi. Les **intestins** peuvent être nettoyés et cuits ou farcis de viande coupée ou hachée et salée pour en faire de la saucisse.

Les estomacs sont excellents dans des soupes spéciales comme le menudo.

Haggis

Fourchette ou vomi?

As-tu l'estomac qu'il faut pour manger du haggis? Pour le préparer, farcis un estomac de mouton de morceaux de cœur, de poumons, de foie et de gras, puis ajoute de l'avoine et des assaisonnements.

Estomac de vache cuit

Rien de mieux qu'un bon bol de soupe pour se réchauffer. En la remuant, un œil entier remonte à la surface. Les yeux de poisson ajoutent de la saveur et une texture gluante.

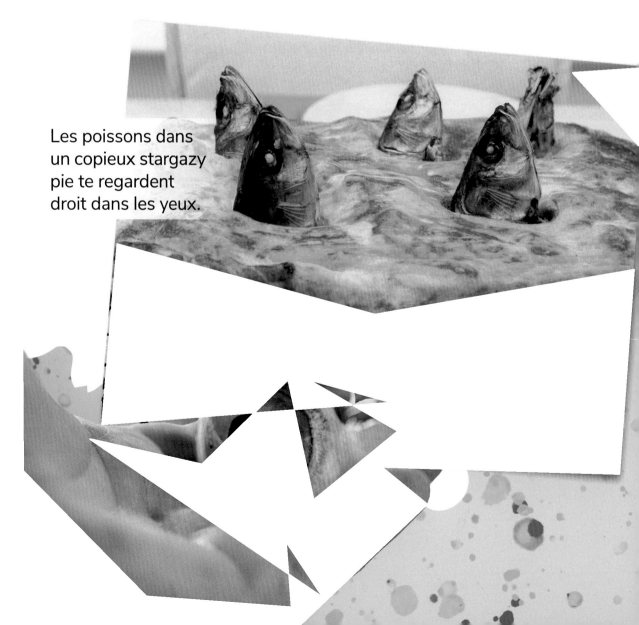

Les poissons dans un copieux stargazy pie te regardent droit dans les yeux.

Fourchette ou vomi?
Au Viet Nam, imagine te faire servir
un cœur de cobra qui bat encore.

QUI VEUT DÉJEUNER?

Pour commencer la journée, rien de mieux qu'un café et des crêpes. Les **civettes palmistes** mangent le fruit du caféier et rejettent les grains dans

leurs excréments. Des gens récoltent, nettoient et torréfient ces grains pour en faire l'un des cafés les plus dispendieux au monde. Accompagne ce café de crêpes au sang nappées de confiture!

CAFÉ KOPI LUWAK

La règle des cinq secondes ne s'applique pas aux déjections de civette.

Tu ne veux pas de crêpes au sang? Essaie une rôtie tartinée de gelée de betteraves, de *Marmite* ou de **caviar**! Servie accompagnée d'un œuf entier avec l'oisillon et le jaune!

Le caviar, ou œufs de poissons, éclate dans la bouche.

Comment aimes-tu tes œufs?

Goûte à ça
La *Marmite* est une pâte
salée à base de résidus
de levure de bière.

EMPÊCHER LA POURRITURE

Depuis des milliers d'années, les gens utilisent les marinades pour conserver les aliments pour les empêcher de pourrir. Les aliments sont immergés dans une **saumure** faite de sel, de vinaigre, d'eau et d'épices.

Les concombres marinés sont excellents dans un burger, mais que dirais-tu de pattes de porc?

Sucré et aigre

Ajoute de la saveur à ta prochaine fournée de petits gâteaux avec du jus de cornichons, des cornichons hachés et du glaçage à l'aneth! Ajoute une tranche de cornichon pour couronner ton dessert amusant et étrange.

La **fermentation** permet aussi de garder les aliments plus longtemps. Les Romains conservaient le sang, les intestins et les branchies de poisson dans une jarre au soleil avec beaucoup de sel pendant plusieurs mois. La sauce de poisson fermentée change un peu du ketchup!

Sauce de poisson fermentée

Une forme de sauce de poisson romaine est toujours cuisinée aujourd'hui; les chats en sont reconnaissants!

Certains pays interdisent certains aliments. Les **bactéries**, les acariens et les **larves** dans certains fromages peuvent rendre très malade. En raison de son odeur nauséabonde, le durian n'est pas autorisé dans les transports en commun.

Durian

Après avoir été déterrés, les requins sont coupés et suspendus pour sécher.

Pas illégal : le hákarl

En Islande, les gens enterrent un requin entier pendant plusieurs mois pour se débarrasser du goût terrible d'ammoniac. Puis ils le coupent et le font sécher.

Ce fromage rare grouille de larves d'insecte.

DES COLLATIONS ET DES DESSERTS POUR LES COURAGEUX

Tu as encore faim? Des bonbons, des collations et des desserts spéciaux t'attendent! Mangerais-tu de la crème glacée faite de gras de renne, de baies et de neige?

Des gens mangent des grillons rôtis comme si c'était du maïs soufflé!

Les aliments sont rattachés aux terres et aux gens, ainsi qu'au besoin de manger. La faim semble trouver sa voie pour faire de toutes les ressources disponibles un aliment. Qu'est-ce qui te fait envie?

Les scorpions grillés et les tarentules frites sont des collations courantes dans certaines parties du monde.

Brosse et soie dentaire
Est-ce une patte d'insecte
coincée entre tes dents?

ammoniac (a-mo-niak) : Un produit résiduel qui a une forte odeur

bactéries (bak-té-ri) : Micro-organismes vivants qui décomposent les aliments et qui peuvent rendre malade

caviar (ka-viar) : Les œufs marinés de certains poissons, comme le saumon et l'esturgeon

civettes palmistes (ssi-vèt pal-mist) : De petits animaux forestiers d'Asie qui sont actifs la nuit; ils mangent des fruits, des insectes et des souris

fermentation (fer-man-ta-ssion) : Un processus par lequel les bactéries et autres micro-organismes décomposent les aliments

gélatine (jé-la-tinn) : Une gelée transparente faite de peau d'animaux, d'os, de cornes et de sabots

intestins (in-tèss-tin) : La partie du système digestif située après l'estomac, où les nutriments sont absorbés par le corps

larves (larv) : Chez les insectes, le stade de développement entre l'œuf et l'adulte

larves blanches (larv blanch) : Les larves de certains papillons de nuit en Australie

saumure (sso-mur) : Un liquide fait de sel et de vinaigre utilisé pour mariner les aliments

SITES WEB À CONSULTER

https://disgustingfoodmuseum.com

https://kidworldcitizen.org/category/food

www.tasteatlas.com

À PROPOS DE L'AUTRICE

Julie K. Lundgren

Julie K. Lundgren a grandi sur la rive nord du lac Supérieur, un endroit qui regorge de bois, d'eau et d'aventures. Elle adore les abeilles, les libellules, les vieux arbres et la science. Elle a une place spéciale dans son cœur pour les animaux dégoûtants et intéressants. Ses intérêts l'ont menée vers un diplôme en biologie et une curiosité sans bornes pour les lieux sauvages.

Production : Blue Door Education pour Crabtree Publishing
Autrice : Julie K. Lundgren
Conception : Jennifer Dydyk
Révision : Tracy Nelson Maurer
Correctrice : Crystal Sikkens
Traduction : Annie Evearts
Coordinatrice à l'impression : Katherine Berti

Références photographiques : Photo de la couverture © sumr Charoen Krung Photography, éclaboussure sur la couverture et dans le livre © SpicyTruffel p. 4 (photo de larve) © Benny Marty (garçon) © saisnaps p. 5 (haut) © Monkey Business Images (bas) © nicemyphoto p. 6 © (haut) trabantos (bas) © John T Takai p. 7 (pieuvre) © yod67 (bol de nourriture) © iamlukyeee p. 8 (haut) © Zanna Pesnina (bas) © TunedIn by Westend61 p. 9 (haut) © Viktor1 (bas) © Darl930 (canard) © NotionPic p. 10 (haut) © NinaM (bas) Ryzhkov Photography p. 11 (haut) © getcloser (bas) © AS Food studio p. 12 (haut) © Piotr Velixar (bas) © bon-chan p. 13 (haut) © Philip Kinsey (bas) © zcw p. 14 (haut) © Davis Dorss (bas) © Nowaczyk p. 15 (haut) © Dewin ID (bas) © Irina Kalinina p. 16 (haut) © kajornyot wildlife photography, (bas) © Galyna_P, p. 17 (haut) © Wisnu Yudowibowo, (bas) © Tong_stocker, p. 18 (haut) ©Nicole M Iizuka, (rôtie) © Pg.Seven, (Marmite) © chrisdorney, p. 19 © Davisaurus Rex, p. 20 © (assiette et pot) © Warren Price Photography, (pattes de porc) © Krasowit, p. 21 (photo du haut) © sarenac77, (bas) © LightField Studios, p. 22 © Artsholic, p. 23 (haut) © george photo cm, (bas) © De Jongh Photography, p. 24 (fille)I © Krakenimages.com, (fruit non pelé) © Davdeka, (fruit pelé) © gowithstock, p. 25 (bas) © Gengis90, p. 26 © TorresGlz, p. 27 (haut) © PitukTV, (bas) © aon168, p. 28 © Jan Jenka, p. 29 (haut) © meunierd, (bas) © Krakenimages.com. Toutes les images proviennent de Shutterstock.com sauf p. 25 (haut) © Chris 73 (Wikipedia) https://creativecommons.org/licenses/by-sa/3.0/deed.en

Crabtree Publishing Company

www.crabtreebooks.com   1-800-387-7650

Publié aux États-Unis
Crabtree Publishing
347 Fifth Avenue
Suite 1402-145
New York, NY, 10016

Publié au Canada
Crabtree Publishing
616 Welland Ave.
St. Catharines, Ontario
L2M 5V6

Imprimé au Canada/112021/CPC

Catalogage avant publication de Bibliothèque et Archives Canada

Titre: Les aliments repoussants et dégoûtants / Julie K. Lundgren.
Autres titres: Gross and disgusting food. Français.
Noms: Lundgren, Julie K., auteur.
Description: Mention de collection: Les choses repoussantes et dégoûtantes | Les branches de Crabtree | Traduction de : Gross and disgusting food. | Traduction : Annie Evearts. | Comprend un index.
Identifiants: Canadiana (livre imprimé) 20210359110 | Canadiana (livre numérique) 20210359161 | ISBN 9781039603165 (couverture souple) | ISBN 9781039603226 (HTML) | ISBN 9781039603288 (EPUB)
Vedettes-matière: RVM: Aliments—Ouvrages pour la jeunesse. | RVM: Aliments—Miscellanées—Ouvrages pour la jeunesse. | RVM: Habitudes alimentaires—Ouvrages pour la jeunesse. | RVM: Habitudes alimentaires—Miscellanées—Ouvrages pour la jeunesse. | RVMGF: Documents pour la jeunesse.
Classification: LCC TX355 .L8614 2022 | CDD j641.3—dc23